Des mots pour soigner les maux

Je dédie ces mots à la personne que j'étais

Si tu m'as aimé, tu fais sûrement partie de mes mots (maux).

Ce livre est un peu pour les autres et beaucoup pour moi.
Je vous souhaite de guérir de ces choses dont vous ne pouvez pas parler.

De 2020 à 2023, j'ai posé mes douleurs sur le papier et désormais il est l'heure, l'heure d'aller mieux.

J'ai perdu l'amour de ma vie.

- Tout le monde me casse, je me sens si cassée.
- On est tous un peu cassés, certains plus que d'autres.

Je vais un peu cesser de vivre, pour te retrouver.

Je suis amoureuse de tes rires.

- Ça va te faire du mal sinon.
- J'ai déjà mal.
- Alors le temps enlèvera cette douleur.
- *Peut-être que j'ai besoin de cette douleur.*

- Laisse le temps faire l'affaire.
- Non je n'ai pas envie que le temps t'emmène.

- Eh tu vas bien ?
- Comme un ouragan.

- Comment tu peux m'aimer ?
- *Tu me donnes envie de vivre.*

Je te déteste quand tu passes de l'amour à la haine du jour au lendemain.

- Tu me manques ce soir.
- Que ce soir ?

- Je t'aimerai toujours.
- Tu vas finir par m'oublier, tu sais.

J'espère que tu guériras,
je sais qu'un jour ta douleur ne sera plus que passagère.
J'ai confiance en toi.

Tout me manque quand tu n'es pas là.

Il faut accepter nos failles et celles des autres.

Je souris, beaucoup.

- Je ne regrette pas.
- Je ne regrette **rien**.

Je crois que tu as trop donné
pour les gens que tu aimes,
mais que tu ne donneras jamais assez
à ceux qui le **méritent**.

Tu es un conte de fées à toi toute seule.

A toi mon amour,
les âmes tourmentées,
la pluie dans nos cœurs, la nuit.
Un jour tu verras l'aube,
le soleil, les fleurs, les sourires.

- Je suis de passage dans ta vie, pas toi dans la mienne.
- Tu resteras à jamais dans mon cœur.

Je pense que tu n'avais pas le droit de vivre
tout ce que tu as vécu, ni de le subir,
mais ces choses là ne te définiront jamais.

Tu sens le printemps.

Parfois les rêves font plus mal que la réalité.

- Je veux.
- Je **(te)** veux.

Rappel :
Il y a des gens qui t'aiment.

Avec ton petit cœur tout mou.

Je laisse entrer des gens sans savoir s'ils feront partie de *ceux qui partent* ou de *ceux qui restent.*

J'aurai aimé te sauver, parce que les mots des autres m'ont parfois sauvée.

L'amour c'est du **bon** et du **mauvais** bien mélangé.

C'est à cause de **nous**.
Notre rencontre.

Et tu es parti, je ne t'ai pas retenu.
Je suffoquais avec toi, j'avais mal,
j'avais peur de ne pas pouvoir porter ton passé parce que je portais déjà le mien.

Et soudainement toutes les chansons d'amour
se sont mises à porter **ton nom**.

- Je t'aime.
- **Pas assez**.

Puis après je me souviens de la pluie sur le carreau.
De tes bras, de ton odeur, de tes rires, de tes mots doux
et puis rebelotte.

J'ai sûrement besoin qu'on me hurle dessus,
qu'on me dise que je suis qu'une merde
et peut être que je me réveillerai, et encore.

Laisse-nous pleurer, ce n'est pas grave.

Et toutes les larmes, celles qui tombent,
ou celles qui n'y arrivent plus.
Toutes les larmes, celles qui restent coincées,
celles qui coulent à flot.
Celles qui se noient de nous et surtout de toi.
Toutes les larmes.
Toutes les larmes.
Toutes les larmes.

Je t'ai mise sur un piédestal.
J'imagine cette grande scène de théâtre où je t'ai donné
le rôle d'héroïne que tu n'es pas.
Je me vois dans le public,
le maquillage fondre en rouge sur mes joues.
Je me vois rire, je me vois sourire parce que tu es là.
Je t'ai rendue incroyable aux yeux de tous,
je t'ai offert la reconnaissance,
les gens te jetaient des fleurs, pendant que tu laissais
faner mes roses sur la table de la cuisine.
Je t'ai rendue magique alors que tu étais banale.
Je t'ai inventé des forêts, des champignons rouges,
des êtres qu'on ne voit que dans les rêves et les contes.
Je t'ai lu des histoires que tu raffolais, que tu me suppliais.
Tu as sali mes mots, tu as piétiné les pages.
Mes joues sont passées du rouge au noir.
J'ai jeté des fioles à la mer, j'ai loupé des appels,
abandonné des personnes beaucoup plus fantastiques
que nous deux réunies.
Et tous les théâtres de la ville sont tristes,
toutes les vagues se déchaînent,
toutes les forêts ont perdues de leur magie.
À cause de toi.
Je t'ai idéalisé, comme dans les films pour enfants,
je t'ai aimé si fort, *mais je te regrette, tant.*

Je sais qu'il y a des chapitres qui se finissent bien.

Même la pluie me manque avec toi,
j'ai l'impression qu'il ne pleuvra *plus jamais assez*.

Ton regard :
J'ai vu la façon dont tu me regardais,
jamais personne ne me regardera de cette manière.

Mais je ne pensais pas que c'était aussi dur d'être une adulte.

Je t'en veux pourtant je tiens si fort à toi.

On a passé toutes les saisons ensemble.

Parfois les chemins se séparent et **c'est mieux comme ça**.

Tu vois il y a des amours qui méritent d'être vécus.
Je te le jure.

- J'espère que demain sera un plus beau jour.
- Il le sera forcément car je serais toujours **vivante**.

Au final, on finirait juste par se haïr,
parce que si ça finissait bien, ça ne se finirait jamais.

Ce n'est pas le temps des tracas et des chagrins.
C'est beau ce que l'on vit. On est magnifique ensemble.

Tu dois encore rencontrer un amour qui n'est pas le mien.

- J'aime les filles inaccessibles.
- Pourtant je suis plutôt accessible.

Je ne veux pas être là, c'est trop douloureux d'être là.

Être bizarre, c'est juste ne pas rentrer dans
leurs standards de *****

(Ce livre)
C'est pour toutes les **âmes cassées**,
ou celles qui commencent à se casser,
parce que l'on guérît toujours,
même s'ils ne le savent pas encore.

Fais-moi confiance, mais surtout fais-toi confiance.

Peut-être qu'un jour on se retrouvera.

Si je devais choisir, je te rechoisirai trente fois les yeux fermés.

J'ai passé de magnifiques jours à tes côtés,
j'ai l'impression que ce n'était qu'un mirage.

Et c'est dur de réessayer quand on a peur.
(*Mais tu peux le faire*)

Et je suis sûre qu'un jour tu sauras mettre
des mots sur tes maux,
ce n'est qu'une question de temps.

Je me demande ce qu'on a perdu en route.

Je ne comprends rien au bonheur.

Il faut que tu saches que je ne suis pas **bonne à aimer**.

Et demain est un nouveau jour triste.
(*Prends-moi dans tes bras*)

- C'est triste.
- Pourquoi ? C'est le train de la vie non ?
- Justement il y a bien un moment ou le train est censé s'arrêter à un arrêt joyeux.

J'ai l'impression d'être détachée de la souffrance,
à moins qu'elle ne soit pas encore arrivée jusqu'à moi.

- On ne se fera pas de mal.
- Si moi j'ai mal, parce que je n'aime pas aimer.

Merci d'être toi, c'est ce qui importe.

Je sais que tu partiras toi aussi, et je ne t'en veux pas.
Toutes les bougies finissent par s'éteindre.

- C'est doux comme **toi**.
- **Et toi**.

Ça prend du temps, il suffit d'accepter
que ce n'est pas immédiat d'aller mieux.

Je ne crois plus aux contes de fées depuis toi.

Si tu n'es pas capable de faire des grandes choses,
fais des petites choses avec grandeur.

- S'aimer soi avant d'aimer les autres.
- Ou alors s'aimer à travers le regard de l'autre.

T'as l'air heureuse mais tu es toutes cassée.
Des parties de toi éparpillées un peu partout,
je me dis que si je suis ma voie,
je te retrouverai bien tôt ou tard.
Je te retrouverai.

Ce que tu dégages est fort mais il traite de la faiblesse,
je me demande qui t'a laissé ces traumatismes,
je me demande pourquoi une fille *aussi forte*
est un jour devenue *aussi frêle que le vent.*
Mais moi **je t'aime**, alors que toi **tu te détestes**.

Je ne t'en veux pas quand tu cries avoir besoin qu'on te baise fort, et je t'insulte.
Mes "*salope*" sont des "*je t'aime*"
mes "*tu es bonne*" sont des "*tu es magnifique*"

On aura de beaux souvenirs.

- Alors pourquoi avons-nous besoin de nous retrouver par amour ?
- *Parce que notre raison d'être ce sont parfois les autres.*

Tu trouveras le rôle du parent que tu n'as jamais eu
dans chaque corps que tu enlaces.

Même ses baisers sont durs, même ses baisers te donnent l'impression d'être mal embrassée.

J'ai eu le cœur serré quand j'ai finalement réalisé
que le temps blesse plus les personnes qui ne les guérit.

Dis-moi des mots d'amour.

- Tu sais ce que j'aimerai ?
- Dis-moi.
- J'aimerai que mon corps entier soit couvert des traces de ton rouge à lèvres.

(J'espère que tu me feras des bouquets de *pleurs*)

- De toute façon que je te retienne ou non tu vas partir.
- **Je suis celle qui reste**, pas celle qui part.

Et un jour on en guérit.

Donne moi de l'amour à grande dose,
une bouteille de deux litres.

Ils ont éteint les lampadaires, depuis j'ère sans toi.

- Je ne sais pas, je veux juste ses mots mélangés aux pages imprégnées des miens.
- Comme des pétales de fleurs dans du vin.

A toi mon homme bleu,
J'ai envie d'un bleu trop foncé pour toi.

Mes écrits font du bien mais ils sont tristes.

On a changé, parce qu'on s'est rencontré à une période où il n'y avait que le **suicide** qui nous animait.

- Et t'as survécu ?
- Ça m'a rendu encore plus **forte**.

J'ai changé parce que je devais dire adieu à la X que j'étais.
Parce qu'elle était trop cassée, parce qu'elle n'était pas elle-même.
Il m'a dit que j'étais "*quelqu'un*" et j'ai compris.
Je suis *quelqu'un* et c'est incroyable d'être quelqu'un.
Il y a pleins de quelqu'un dans ce monde qui
se cherchent une raison de vivre,
j'ai trouvé la mienne.

T'es quelqu'un.

Je suis difficile à cerner, je te l'accorde,
mais tout est là : devant toi.

Cherche-toi encore et encore et encore, ne t'arrête jamais.

Ma plus grande peur :
- Te perdre
- **Me perdre**

Tu cachais quelque chose de magnifique.

Parce qu'il y a des amours qui brisent plus qu'ils ne réparent.

Un cœur pluvieux chez les amoureux.

- Et ensuite pourquoi on tombe amoureux ?
- L'amour ne se contrôle pas, demander pourquoi on tombe amoureux c'est comme demander pourquoi on respire.

Je suis devenue une nouvelle personne.
Je crois avoir compris ce que tu voulais dire quand tu disais
qu'il restait de belles choses à sauver chez moi.

Parfois c'est comme ça, les **inconnus** redeviennent des **inconnus**.

J'ai besoin d'un câlin et d'**un million d'euros**.

- J'y crois moi, comme je te le disais souvent j'y crois pour deux si tu veux.
- Promis, quand l'autre n'y croira plus, on y croira à sa place ?
- **Promis juré**.

L'amour ils nous ont menti, ce n'est pas à chaque coin de rue.

Lui il aimait mes mots.

- Et partout je sentais que je n'avais pas ma place.
- Tu as ta place dans ce monde, dans mes bras.

J'ai besoin de souffrir pour écrire.

- On fait tous partie de cette même constellation.
- Au-delà des ciels et des étoiles.

Rappelle moi nos souvenirs, *même ceux où tu n'étais plus là.*

- J'ai envie de t'écrire des textes d'amour.
- *Je bois tes paroles.*

Merci de ne pas m'avoir sauvée.

Pourtant avant tes erreurs tu restais **mon papa héro**.

"maman"
Je déteste les nuits d'été depuis ton départ,
celle où tu m'as laissé dans une mais qui n'était pas la mienne,
celle où tu n'es pas revenue.
Je t'attendais, je t'attends encore.

- Ce n'est pas parce qu'on est réparé qu'on est heureux.
- Et ce n'est pas parce qu'on aime vite qu'on est réparé.

- Je ne sais pas si vous voyez mais chaque seconde est un combat, tout est **trop**, l'univers est **trop** et que d'attendre un nouveau soleil c'est **trop**.
- Et si tu n'étais pas là, le monde serait triste, alors même si tu n'en vois que les éclaircies, le soleil brille toujours très fort.

J'ai peur de ne plus avoir de raison d'être
si tu n'es plus la **mienne**.

On ne se bat pas dans le vide, **jamais**.

Et elle espérait, parce que dans le fond
elle voyait l'amour partout, **même dans les cœurs vides**.

Je te vois sur chaque visage que je croise dans cette gare.
Je te vois là, où tu m'as laissée quand j'avais à peine quatre ans.
Je ne me sens pas bien dans les gares,
car même si les trains sont censés revenir,
je sais que le tien ne reviendra jamais.
Les gares ce sont pour les gens qui ne reviennent jamais,
c'est pour tous les gens paumés qui ne retrouvent pas leur quai.
La gare ce sont pour tous les trains jamais revenus,
pour tous les pressés,
pour tous les fraudeurs.
La gare c'est pour les adieux,
les adieux amoureux,
et *les adieux d'une maman.*

Sauve ~~moi~~
     toi

T'es le mec qui met de la bétadine sur les blessures.

J'aimerai te prendre dans mes bras
pour te répéter que même
si ça ne tourne plus rond, ça va aller.
Tu dis que le monde va continuer de vivre si tu n'es pas là,
mais mon monde à moi
il ne tournera plus jamais aussi bien sans toi.

On ne sait plus vraiment qui on est,
mais on sait qui on ne veut plus être.

- J'ai envie de parler d'amour.
- Je me demande bien qui c'est, amour.
- Il fait du mal comme il peut faire du bien,
  je pense que si on en prend soin, il rend heureux.
- Un peu comme un **vibro**.

- Je me laisse vivre.
- Aime-toi.

Nos beaux jours à nous.

Tu as été
Tu as été nos draps blancs et la douceur de la pluie.
Tu as été mon chagrin d'amour.
Tu as été la bétadine de mes blessures,
les pansements de mes entailles.
Tu as été la peur, la peur de me réveiller sans toi,
un corps éteint sur le carrelage froid.
Tu as été l'amour, l'amour d'une vie ou d'une nuit je ne sais plus.
Tu as été mon verre d'alcool, mon aspirine, mon doliprane.
Tu as été ma nicotine, ma cigarette.
Tu as été ma maison.
Je t'ai cherché dans tous les cœurs, sur tous les visages,
sans jamais te trouver.
Tu as été un monde, un monde à part
que personne ne pouvait comprendre, ni cerner.
Tu as été ce lendemain de cuite,
ce mal de tête, une chute d'enfant, un cri, un pleur.
Tu as été celle que j'ai accepté de laisser partir,
celle pour qui j'acceptais le deuil, l'envol, les adieux.
Tu as été l'été, le soleil qui tape.
Tu étais comme une danse fatiguée au milieu
du salon à quatre heures du matin.
Tu étais un feu de camp, un orage, une nuit agitée.
Tu as été cette incapacité de respirer et mes bouffées d'air frais.
Tu as été le poison et le remède.
Une maladie qui te juge incurable, un hôpital.
Tu as été tout et parfois rien.

Il se demandait si les mots des autres ne la rendaient pas plus heureuse que les siens.

Peu importe ce qu'on sera demain, tant que je me sais à tes côtés.

Mais la terre est ronde donc à force de marcher on va finir par se percuter, tu ne crois pas ?

Je t'imagine endormi paisiblement,
et je me dis qu'au moins tu ne souffres pas,
que tes douleurs s'apaisent un peu plus.
Le temps ça ne guérit pas tout,
ils nous ont menti dans les films, dans les livres.
Je ne sais pas ce qu'il te faudrait, et ce qu'il me faudrait
pour que nos cœurs soient intacts.

Il disait que *tous les garçons du pays* auraient aimé la connaitre.

J'ai envie d'embrasser toutes les parcelles de ta peau.

Et alors, la folie n'est-elle pas *belle* ?

C'est un amour impossible car vous êtes trop **cassés**.

Tu sais, je t'ai aimé.

Promets moi que j'ai vraiment ma place dans les bras du
"pauvre type qui ne sera jamais heureux".

Finalement est-ce qu'il faut toujours des raisons d'aller mal ?

L'amour, c'est quand on ne sait pas pourquoi on aime,
quand sans avoir de raisons
elle est la réponse à toutes tes questions.

Je garde le souvenir de toutes mes relations tristes.

Dépression :
c'est dur de me dire que chaque jour est un combat contre **moi**.

Mon amour, je ne pourrai jamais **mourir** de nous
car c'est toi qui me fais **renaître**.

On se regarde vivre dans les draps d'autres personnes, avec le sourire
Un sourire doux, qui blesse encore un peu.

- Si un jour je pars au ciel car je ne peux plus supporter mon malheur, sache que je t'ai aimé plus que tout au monde.
- *Je t'ai aimé au-delà de tout.*

Je sais que peu importe où on ira, dans les lieux moches, qui puent la pisse, sous la pluie, *dans la laideur de Paris*, si c'est avec toi, je me sentirai bien.

Qui es-tu lorsque personne ne te voit ?

Un beau jour tu es jeune, et pourtant tu sais que tu n'auras plus jamais de *grand amour*.

Quand tu as dit que tu m'aimais,
ce n'était que ma prose qui te rendait amoureuse,
quand tu as dit que tu m'attendais,
tu avais déjà cessé de compter les heures.
J'ai trop misé sur les planètes alors qu'elles ont cessé de tourner.
J'ai trop misé sur les signes alors qu'ils étaient faux.

Et si jamais c'était vraiment fini
et qu'il fallait juste te laisser partir.
Accepter qu'il y a des amours qui ne se rallument pas.

Je l'ai vu guérir de ce genre d'amour dont on ne guérit **jamais**.

Je suis désolée de m'en prendre à toi lorsque c'est **contre** le monde entier que j'en veux.

Parce que tu n'es pas encore prêt à accepter
la beauté de la vie, *mais elle est là.*

- J'ai besoin de toi.
- *Tu es la raison de tous mes maux.*

Alors même si tu sens que dans ce monde tu n'es rien,
sache que dans le mien tu es **tout**.

Et tu m'as donné en l'espace de quelques heures,
ce que l'univers ne m'a jamais offert.
(C'est pour ça que je t'aime)

Mais tu es aussi tout ce que tu as fais de **bien**.

Le destin nous a oublié, on dit qu'il n'est jamais censé se tromper.
Alors pourquoi mon amour ?
Pourquoi il ne me ramène pas à toi ?

Je ne suis pas assez puissante pour
te montrer que la vie est belle.

- C'est mon âme sœur je le sais.
- *On en a pleins des âmes sœurs. Je te le promets.*

Il y a des cicatrices que l'on a peur de panser,
quand elles saignent trop, on évite de les ré ouvrir.
Et parmi toutes ces cicatrices,
il y a aussi celles qui sont invisibles à l'œil nu,
celles que l'on ne voit pas mais qui pourtant
sont les plus destructrices.

Tu mérites tous les rires que tu fais sonner chez les gens.
Parce que si tu nous fais rire c'est sûrement
parce que toi tu n'as pas le cœur pour.

Elle disait *" toutes les bonnes choses ont une fin "*
 surtout les mauvaises je dirais.

J'ai si mal
De toi
De vous
De nous
Et même cet été me donne le mal de mer,
je déteste le bateau qui me rappelle
ton cœur qui ne sait que tanguer.
Je regrette de t'avoir donné mon *éternité*
alors que tu ne m'as donné que ton *éphémerité*
Tombe
Egratigne toi les genoux
Saigne,
Mais ne m'aime plus jamais.

J'espère que tu m'écriras des lettres,
un peu comme les amoureux.

Les mots ça ne sauve pas toujours.
Parfois ils nous trahissent.

Ne me parle plus jamais comme si c'était un **adieu**,
ne me donne que des **au revoir**.

Si je guéris, tu resteras ?

Tu m'as dit que j'étais forte, que j'allais survivre sans toi.
Tu m'as chuchoté que toi tu ne pouvais plus,
que je ne devais pas t'en vouloir.

Toi tu es un ange.
Et quand tu n'es pas là, c'est le **feu**, c'est la guerre.

Pendant des mois, je n'ai lu que :
paix, plume, blanc, pastel, guérison, espoir, rêve.
Grandiose, il l'était.
Tu ne l'es plus.
Si tu passes par-là,
sache que tu n'es plus l'homme grandiose que j'aimais.

Je ne sais toujours pas si j'étais amoureuse ou si je rêvais d'être elle.
Mais elle venait d'un monde qu'on ne connait pas.
Ses lèvres roses, rouges parfois bleues.
Elle s'était rasé le crâne quand sa mère a eu le cancer du sein,
et je l'ai trouvé encore plus belle.
Vous saviez, elle l'était encore plus de l'intérieur
et grâce à ça j'étais certaine que sa mère refleurirait.

J'étais tombée amoureuse d'une douceur
que même les poèmes ne comportent plus.

Les gens m'abandonnent et je les comprends,
moi aussi j'ai envie de m'abandonner.

Alors je sais que **l'univers** nous attend.
Nous sommes comètes.

Je suis là, je serai toujours ta *sauveuse*.

On avait dit que c'était pour le **meilleur** et pour le **pire**
et tu sais si bien comme on est mauvais.

Je suis désolée de vous avoir menti,
menti sur le fait que demain cela irait mieux,
alors que c'était juste un jour de plus où il vous fallait survivre
avec des cicatrices béantes.

Mais petit à petit, dans tes bras *l'eau descend.*
Et je respire à nouveau.

On fait tous un peu semblant,
D'être heureux.
On porte des masques,
C'est fatiguant.
On laisse des gens qu'on aime partir.
On leur souhaite d'être heureux,
Alors qu'on parvient à peine à l'être soi-même,
C'est douloureux de jouer un rôle,
Je te comprends.

Je t'enverrai une lettre au printemps, c'est promis.

Je te déteste,
De m'avoir maintenue en vie en me disant
qu'elle valait le coup d'être vécue alors que tu n'es plus là.

Je refuse de quitter tes draps si tu ne me rappelles pas.
Message sur le répondeur
- *je t'aime*
Nos corps contre la paroi de la douche.
Et même si j'ai envie de te dire que je t'aime,
je me contente d'un adieu.

- Tu es forte tu vas t'en remettre tu sais.

Nous on croit tous en toi, et si notre fée magique part qui s'occupera de nous ?
- *Il y a pleins d'autres fées mon ange.*

- Les fissures c'est le seul moyen de faire entrer la lumière.
- Sauf que la lumière ne veut pas de moi.
- Ou c'est toi qui ne veux pas d'elle.

Je t'en veux parce que tu occupes chaque parcelle de ma peau, parce que tu **saignes** dans toutes mes cicatrices.

VIDE

Vide, **vide**, vide
Je suis vide.
Vide, **vide**, vide
Est mon ventre car la faim crie.
Vide, **vide**, vide
Hurle ton départ.

VIDE

Et même si tu es vide,
je t'aimerai comme si tu étais entière.

Tu laisses un vide dans mon cœur,
qui ne part pas même à la **javel**.

Vi(e)de

NOTES NOCTURNES

J'ai envie de partir au bout du monde avec toi.

Tu me fais fleurir comme le printemps.

Je veux passer toutes mes nuits dans ton appartement.

Tu rayonnes.

Je suis peut-être beauf la moitié du temps,
mais ne t'inquiète pas tu les auras mes **poèmes**.

Emmène-moi au restau.
Fais-moi l'amour.

Aime-moi.
Rêve-moi.

J'ai envie de toi on fait comment ?

J'aime ton corps mais je préfère ton **cœur**, désolée.

Continue de me regarder comme ça : *contemplations*.

SEXE

J'aime ta peau, ton odeur, nos respirations saccadées.
Et je sais que tu voudrais que je ne quitte jamais tes nuits,
promis je reviendrai demain.

SEXE

00 :11
Viens, on (s'exe)plique en face.

SEXE

00 :12
Et on se touche, on s'embrasse et on boit.
Et tes paroles que tu valses en l'air mélangées d'amour et de colère.
- (s'exe)primer

SEXE

Pour toutes les personnes qui ne se sentent aimées
qu'à travers ça : le sexe.
Sachiez que vous êtes **magnifiques**
et qu'un jour vous vous aimerez assez fort pour savoir
que vous avez plus de valeur qu'un va et vient.

SEXE

Et pour la petite vanne,
viens on s'emboite comme des lego.

SEXE

Ne me dis plus jamais que tu me " baises "
Fais moi l'amour le vrai.
- *Je ne t'aime pas, putain.*

SEXE

Mais, moi si tu te sens bien dans ton corps,
je me sens encore mieux dans le tien.

Mamie m'a dit que **je ne pouvais pas te sauver**.

Peut-être que c'est toi qui rends ma vie
un peu plus belle, un peu plus supportable.

L'amour :
C'était ma façon la plus saine de me sentir en vie.
Je me souviens de ton corps
dans nos **draps jaunes pastel**,
de la pluie qui ne cessait pas.
Dis-moi qu'elle tu ne l'aimes pas, que c'était juste
parce qu'elle avait un plus beau corps que moi
Je vois bien que tu n'es pas heureuse pourtant,
envoie moi un message quand t'as gagné le combat,
et promis je serais là.

J'ai envie de te regarder, me perdre dans tes yeux
et ne plus jamais remonter à la surface.

On a tous une petite fée cachée dans le fond de son cœur,
je te le promets.

Et si toi aussi, fée, qui que tu sois, où que tu sois, que tu y crois ou non, tu vas *t'envoler* aussi.

.

PARTIR

Laisse-moi m'envoler, si tu savais de quoi je parlais.

PARTIR

Et j'aurai aimé que tu puisses rester dans mon monde,
puis je me suis souvenue qu'il était affreux.
Alors j'espère que tu ne m'en voudras pas, on se retrouvera.
Je te laisser partir mon ange,
parce que j'aurai aimé que tu me laisses partir aussi.

PARTIR

Parce que parfois partir c'est un aller sans retour.

Mère (pas la mer)

Parce que je ne te pardonne pas,
parce que tu n'es pas ma mère,
parce que j'aurai préféré que tu avortes,
je sais c'est dur mais comment ne plus me mentir à moi-même.

Je pense à tous ces petits bouts d'humains comme moi
qui vivent avec le manque maternel :
traumatismes, peur, rejet, dégoût, COLERE.
J'aurai aimé qu'elle puisse être fière de moi.

L'amour que tu portes **aux autres** reflète l'amour que tu **te** portes.

Et même si tout est **noir** en moi,
je te jure que je ferai en sorte de colorer ce moment
pour qu'il ne déteigne jamais.

S'ABIMER

Ecouter du Cabrel dans la voiture sur l'autoroute,
regarder la vitesse s'élevait sans avoir peur de la mort,
parce que les papas sont des super papas.
Ça sentait le tabac froid à la maison,
les murs qui jaunissent dans le salon,
les dessins animés le soir avant de dormir.
Pourquoi ai-je grandi maintenant ?

Parce que tu as fait le rôle de papa et maman : *je t'aime*.

Parce que de toutes façons, tu es devenu mon musé préféré,
le seul parc aux fleurs que je traverse au printemps.
Parce que de toutes façons, tu es mieux que mon plat préféré
et que tu colores mieux que ma couleur favorite.

Tu es ton propre soleil.

A la petite fille que j'étais
Je m'en veux terriblement
d'avoir fait comme tout le monde au final,
d'avoir simplement imaginé que cette petite fille au carré brun
avait la force suffisante pour renaître, alors qu'elle était enfant,
alors qu'on l'avait traumatisé **à tous les âges**.

J'ai peur quand je pense à elle, l'effet qu'elle me laisse sur la peau,
les tracas et les traces de *nos amours perdus*.
J'ai peur quand elle part parce que je sais qu'elle ne reviendra pas.
Que je dois accepter qu'il y ait des amours qui ne marchent pas,
qu'elle et moi on est **indéfiniment** des *âmes sans sœurs*.
Des mots dès lors qu'elle se levait.
Ses mots tranchants, ses mots aimants.
J'en sais rien tu sais, de la façon dont les mots sortent par amour,
mais ils font mal.
Les fresques de la gare pleurent depuis son départ,
la SNCF a besoin d'un rempart.

Être le **sauveur** alors qu'on a besoin d'être **sauvé**.

Recommençons à nous offrir des *fleurs* plutôt que des **fast food**.

Miroir brisé :
Dis-moi maman, combien de miroirs as-tu jeté dans ma vie ?

Tu résides dans tous mes maux,
pourtant tu avais dit vouloir m'aimer jusqu'à la
fin de notre monde.
Tu m'avais dit qu'on allait guérir,
qu'on allait se sortir de cette merde ensemble.
Je t'ai cru, comme on croit au bonheur.
Au pied de ta caravane tu m'avais chuchoté
" tu trouveras ta place dans ce monde je te le promets."
Et depuis je me sens **nulle part** ailleurs.
J'ai perdu depuis toi, toutes mes paillettes, toutes mes étoiles.
Tu as fait de moi cette poupée de papier
qui se froisse quand le vent se lève,
tu as fait de moi, ça, **et je ne m'en remets pas**.

20 ans dans un mois,
papa serait fier de moi s'il savait que
je prends des cachets pour aller bien ?
J'ai l'impression d'avoir perdu quelque part
alors que je sais que la santé mentale
ce n'est pas une partie de jeu.
Est-ce que les médicaments rendent heureux ?
ou m'ont-ils fait croire
que le bonheur est dans les comprimés ?

Je suis à dix minutes de ton âme.

Je m'aime,
Je pense juste que je n'ai pas aimé la vie,
assez fort pour qu'elle m'aime aussi.

Je sais que, tu es là ou peut-être pas,
j'aimerai te dire que je n'ai plus le mal de vivre,
mais parfois je l'ai toujours.

Suis-je toujours celle que tu aimeras le plus
si jamais tu ne supportes plus cette vie ?

J'ai brisé tous les miroirs de toutes les pièces
car mon reflet ne me rappelle que toi.

- Tu me manques.
- Ça passera.
- Je n'ai pas envie que ça passe.

1

(A moi-même)

Elle allait avoir **vingt ans** et elle ne pensait
même pas en arriver jusqu'à là un jour.
Je pense que depuis qu'on l'avait brisé
au plus profond de son être
elle n'avait plus peur du reste.
Au fond elle était blessée,
au fond elle était cassée c'est vrai.
Elle s'est coupé les cheveux, changé de prénom
en pensant qu'elle se retrouverait elle-même.
Mais elle ne sait pas si elle se retrouve.
Elle était une grande romantique écœurée de l'amour,
alors elle alla trouver dans d'autres lits le plaisir
d'être une femme désirée.
Le plaisir de découvrir d'autres corps,
d'autres sensations, d'autres sentiments.
Et elle s'est rendu compte, qu'au final,
ça la ramenait un petit peu à bord.
Elle appréciait ces moments comme s'ils étaient sans fin
et pourtant le matin elle repartait chez elle.
Elle se posait des questions sur le pourquoi du comment elle faisait ça,
et n'a toujours pas compris.
Elle se sentait sale, se disait salope, traînée en manque d'attention.
Je crois qu'au final elle aimait tout simplement les gens,
c'est ça, elle aime.

2

Elle montrait un certain contrôle sur sa vie
mais elle mentait.
Ce n'était pas son maquillage aux lignes
et aux couleurs parfaites qui la rendait stable.
Ce n'était pas sa tenue assortie,
ce n'était pas sa façon de penser,
ce n'était pas son perfectionnisme.
En fait cette fille elle était tout sauf contrôlable.
Rien ne la contrôlait
et elle ne contrôlait rien non plus,
pas même la météo.
Elle se disait forte
mais quand les gens lui rappelaient,
elle criait l'inverse.
Pourtant tout le monde savait
qu'elle avait traversé toutes les tempêtes.
Elle aussi, elle aussi aurait aimé être assez fière d'elle
pour dire : *je suis forte*.
Elle se disait *battante fragile*,
pour se rappeler que de toute façon,
elle resterait en morceaux.
Car même si elle les recollait,
ils finissaient toujours par se détacher d'elle,
comme les hommes et les femmes qu'elle rencontrait,
qui disaient l'aimer plus fort que tout,
qui disaient l'aimer avec ses failles
mais qui ne les contemplaient jamais.

Les rechutes font parties de la guérison,
si tu perds ce n'est qu'une **bataille**, pas ton **combat**.

Je sais que j'ai l'air très sexualisante et sexualisée
mais parfois j'aimerai juste t'écrire cette lettre
dans laquelle tu te verras assez fort pour m'aimer.
(sanstiments)

Je n'avais pas envie,
Je n'avais pas envie de vivre.

J'y pense un peu tous les jours,
à
ce
garçon.

Je sais que tu partiras,
parce que personne ne mérite d'aimer un ouragan.

Si seulement je pouvais compter les jours
qui me retiennent à **toi**,
peut-être qu'ils me ramèneront à **nous**.

Tous tes au revoir me semblent être des *adieux*.

J'écris depuis que ma mère est partie.

Tu as été mon remède aux histoires d'amour.

Je ne pourrai jamais te promettre d'aller bien,
mais je te promets que j'irai mieux.

J'attends ton retour comme on attend la *pluie*,
j'aimerai tant que tu me crois.

Alors je me construis un nouveau monde,
un monde où *tu n'es pas là*.

Tout m'a été destiné pour que je sois indépendante
pourtant je suis **dépendante**
de chaque personne que je commence à aimer.

Mais j'aime bien mes mots,
les mots t'es certaine que même si t'as personne,
ils seront là eux.

- Parfois je m'inquiète pour toi.
- Des tas de gens s'inquiètent, *la vie est inquiétante*.

Je te pardonne de m'avoir mal aimée.
Je pardonne ta haine, ta **fichue haine**,
parce que tu m'aimais trop **brutalement**.

Je me suis demandé si j'allais le faire ce soir,
 s'il fallait que j'écrive une lettre,
 si je devais mettre une **jolie robe**.

On a emprunté des chemins différents,
mais peut-être qu'on se retrouvera au même endroit.

Je suis tellement vide que même les inconnus me manquent.

Je te promets que je serais heureuse, que je n'aurais plus besoin du *malheur* pour ressentir quelque chose.

- Je veux tes lèvres.
- Elles t'embrasseront jusqu'à épuisement je te le promets.

Je te souhaite des jours doux comme on en a plus.

Je t'écrirai des mots,
ceux qui font du bien mais qui ne guérissent pas.

Mais il fallait accepter, qu'on a le droit
d'être heureux séparément.

Je ne veux plus mourir.
C'est quand même compliqué, tu sais,
je ne sais pas comment aimer ma peau,
je ne sais pas comment aimer mes médicaments.
Je les prends machinalement,
je suis persuadée qu'ils ont besoin de moi,
alors que c'est moi qui ai besoin d'eux.
Je ressens toujours ce vide immense quand je me retrouve seule
et je sais que c'est normal,
on dit que le temps guérit tout.
Si on me demandait une note sur dix sur ma douleur,
je répondrai **quatre** même si je ressens un **huit**.

J'aimerai trouver les mots suffisants pour apaiser nos peines,
alors je t'écris ces quelques mots comme un au revoir.
Je suis désolée d'être cette fée aux ailes cassées.
La dépression m'a eu et m'a rendue si laide,
pourtant tu n'as jamais cessé de me trouver jolie.
Je suis désolée d'avoir été cette plaie
contaminante et contaminant tout autour de moi.
Je m'excuse de t'avoir blessé quand
je ne voulais que te rendre heureux.
Parce que l'amour que j'ai pour toi
est définitivement plus fort que
ma peur de guérir ou de mourir.
Parce que lorsque l'on me demande pourquoi je t'aime,
je réponds : *je ne sais pas*.
Parce que je veux que dans l'abime de mes yeux,
tu te retrouves.

Parfois les gens se quittent pour mieux se retrouver.

- Tu vas y arriver c'est promis.
- On ne fait jamais de promesses aux inconnus.

Parce qu'elle ne se vu **jamais** autant
dans le regard de quelqu'un,
que le sien.
Parce qu'elle **ne** savait **pas** faire
l'*amour*,
parce qu'elle n'avait **jamais** fait
l'*amour*,
parce qu'elle n'avait **jamais**
aimé.

- Nous sommes des âmes sœurs.
- *Seules**

Tu me dis que je ne sais pas **aimer**,
mais ce que tu ignores c'est que je n'aime plus que moi.
Parce que personne ne protège autant
mon enfant intérieur que je ne le fais.
Parce que personne n'aime autant
mes failles que moi-même.
J'ai eu envie de croire qu'on pouvait poser les yeux
sur moi avec tellement de sincérité,
mais je n'ai connu aucun regard aussi valable que le mien.
Je m'aime toujours même après la guerre,
tu m'as abandonné après la première bataille.
Je n'aime que moi parce que tu n'as jamais su
m'aimer de la bonne manière.
Je n'aime que moi parce que quand tu es parti, moi j'étais là.
J'étais là avec ce corps que je ne supportais plus,
j'étais là quand ma tête hurlait.
J'étais là quand je ne le voulais pas,
parce que je savais que s'abandonner soi-même,
c'était un peu comme perdre la vie.

Je me suis trouvée,
je me suis récupérée dans les combles de mon passé.
Je suis là, je suis enfin là où je dois être.
Je suis enfin celle que je dois être.
Je me sens bien, **je** me sens mieux.

- Je ne m'accroche pas qu'aux gens qui m'entourent.
- T'as raison, tu t'accroches aussi à ceux qui sont **partis**.

© Xael Legrand, 2024
Édition : BoD · Books on Demand GmbH, In de Tarpen 42,
22848 Norderstedt (Allemagne)
Impression : Libri Plureos GmbH, Friedensallee 273,
22763 Hamburg (Allemagne)
ISBN : 978-2-3225-5603-8
Dépôt légal : Octobre 2024